"ÉLECTRA SAINT-LOUIS"

à *SAINT-LOUIS (Haut-Rhin)*

FABRIQUE D'APPAREILS ÉLECTRIQUES
POUR LE CHAUFFAGE ET LA CUISINE

Marque déposée : ÉLECTRA SAINT-LOUIS

ADRESSE TÉLÉGRAPHIQUE : ÉLECTRA SAINT-LOUIS - TÉLÉPHONE N° 111

Code A B C 5e Édition —:— R. C. Mulhouse B 265

15 Mai 1926

ÉLECTRA SAINT-LOUIS

RÉGLAGE DE FOURNEAUX ET RADIATEURS

par le déplacement des fiches

I. La fiche colorée au milieu, blanc à gauche et à droite

chaleur très forte

II. La fiche colorée au milieu, blanc à droite

chaleur normale

III. La fiche colorée au milieu, blanc à gauche

chaleur moyenne

IV. La fiche colorée à gauche, blanc à droite ou vice versa

chaleur faible

CONNEXION DES FERS ET BOUILLOIRES " VOYAGE "

Connexion pour 110 volts

La fiche colorée au milieu, les fiches blanches à gauche et à droite.

Connexion pour 220 volts

La fiche colorée à droite, la fiche blanche à gauche borne du milieu reste libre.

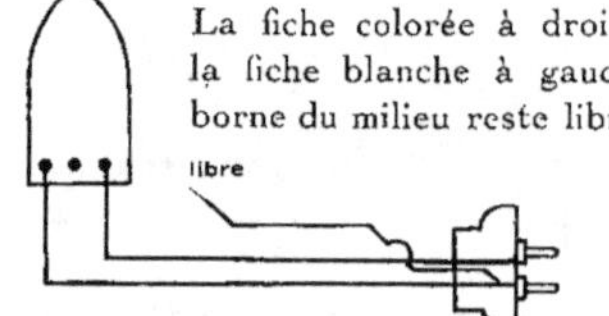

ÉLECTRA SAINT-LOUIS

Fers à repasser	**Le Fer Électra**	**Le Fer Électra**
"VOYAGE"	**"MÉNAGE"**	**"MÉNAGE"**
avec manche démontable	**avec Manche A**	**avec Manche B**
		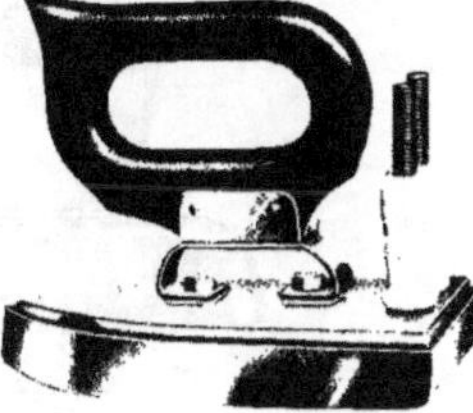
N° 1210	N° 1215	N° 1216
Poids 1 kg. 750 environ	Poids 1 kg. 750 environ	Poids 1 kg. 750 environ
Consommation 280 Watts	Consommation 280 Watts	Consommation 280 Watts

Les Fers "ÉLECTRA" type Ménage sont en fonte entièrement nickelée ; les plaques chauffantes sont facilement remplaçables.

A part ces qualités générales, le fer à repasser système "ÉLECTRA" présente les avantages particuliers qui résident dans son exécution soignée et dans la solidité extraordinaire de ses corps de chauffe.

Les prises de courant N° 2120 y correspondant sont comprises dans les prix indiqués.

ÉLECTRA SAINT-LOUIS

Le Fer Électra
"MÉNAGE"
avec Manche A

N° 1220
Poids 2 kg. 250 environ
Consommation 300 Watts

Le Fer Électra
"MÉNAGE"
avec Manche B

N° 1219
Poids 2 kg. 250 environ
Consommation 300 Watts

Les Fers "ÉLECTRA" sont en fonte entièrement nickelée ; les plaques chauffantes sont facilement remplaçables.

A part ces qualités générales, dans son exécution soignée et dans la solidité extraordinaire de ses corps de chauffe, le Fer "ÉLECTRA" est éminemment économique parce que son double isolement amiante et compartiment d'air, dirige toute la chaleur vers la semelle. Même après un très long usage la partie supérieure ne chauffe jamais et, pour la même raison, il n'y a jamais de perte de courant.

Les prises de courant N° 2121 y correspondant sont comprises dans les prix indiqués.

Les Fers à repasser ÉLECTRA type "ATELIER"

Manche A

N° 1221

Poids 2 kg. 800 environ

Consommation 400 Watts

Manche B

N° 1224

Poids 2 kg. 800 environ

Consommation 400 Watts

Manche C

N° 1227

Poids 2 kg. 800 environ

Consommation 400 Watts

Les Fers "ÉLECTRA" sont en fonte entièrement nickelée; les plaques chauffantes sont facilement remplaçables; ils sont fournis avec arrière arrondi, et doivent servir à repasser du linge fortement empesé ou mouillé.

Or, ce Fer est éminement économique parce que son double isolement, amiante et compartiment d'air, dirige toute la chaleur vers la semelle; même après un très long usage, la partie supérieure ne chauffe jamais et par la même raison il n'y a jamais de perte de courant.

Les prises de courant N° 2121 y correspondant sont comprises dans les prix indiqués

Les Fers à repasser ÉLECTRA type "TAILLEUR"

N° 1222
Poids 3 kg. 300 environ
Consommation 500 Watts

N° 1225
Poids 3 kg. 300 environ
Consommation 500 Watts

N° 1228
Poids 3 kg. 300 environ
Consommation 500 Watts

Les Fers "ÉLECTRA" sont en fonte entièrement nickelée ; les plaques chauffantes sont facilement remplaçables ; ils sont fournis avec arrière arrondi, et doivent servir à repasser du linge fortement empesé ou mouillé.

Or, ce Fer est éminemment économique parce que son double isolement, amiante et compartiment d'air, dirige toute la chaleur vers la semelle ; même après un très long usage, la partie supérieure ne chauffe jamais et pour la même raison, il n'y a jamais de perte de courant.

Les prises de courant N° 2121 y correspondant sont comprises dans les prix indiqués.

ÉLECTRA SAINT-LOUIS

Fers à repasser électriques

POUR TAILLEURS

N° 1240

Poids 5 kg. environ
Consommation 650 Watts

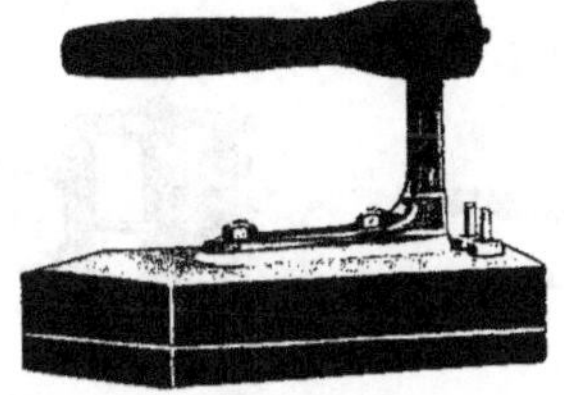

Nos 1246 et 1247

N° 1246 Poids 6 kg. environ
Consommation 600 Watts

N° 1247 Poids 8 kg. environ
Consommation 600 Watts

POUR CORDONNIERS

N° 1776 N° 1777

Poids 0,800 kg. environ
Consommation 80 Watts

Les Fers "ÉLECTRA" sont en fonte entièrement nickelée ; ils sont fournis avec arrière arrondis.
Les plaques chauffantes sont facilement remplaçables.

BOUILLOIRES ÉLECTRIQUES

en laiton nickelé.

Sans soudure. La plaque chauffante est très facilement remplaçable. Avec chauffage du sol.

N° 1249 — 1/4 litre

N° 1253 — 1/2 litre

N° 1254 — 1 litre

N° 1239 — 2 litres

Nos	Contenance Litres	Consommation de courant Watts	Poids approx. kg.	Nos	Contenance Litres	Consommation du courant Watts	Poids approx. kg.
1249	1/4	250	0,40	1254	1	450	0,700
1253	1/2	350	0,50	1269	2	800	1,500

Les bouilloires peuvent aussi être livrées pour deux tensions telles que 100 et 200, 110 et 220, 125 et 250 volts, moyennant 3 bornes.

Théières électriques

en laiton nickelé, étamé à l'intérieur

Nos 1589 et 1584

Nos	APPAREILS
1589	Laiton nickelé, contenance 1 litre.
1584	Laiton poli, contenance 1 litre.

Bouilloires électriques

en laiton nickelé, étamé à l'intérieur avec chauffage a collier

Nos 1263 1251 No 1252

1/4 litre 1/2 litre 1 litre

Nos	Contenance Litres	Consommation de courant Watts	Poids approx. kg.
1263	1/4	250	0,40
1251	1/2	350	0,50
1952	1	450	0,70

Les bouilloires peuvent aussi être livrées pour deux tensions, telles que 100 et 200, 110 et 220, 125 et 250 volts moyennant 3 bornes.

ÉLECTRA SAINT-LOUIS

Chauffe-Fer à Friser

N° 1685

En laiton nickelé

Poids 500 gr.

Consommation 120 Watts

Grille-Pain

N° 1688

En laiton nickelé

Poids 1500 gr.

Consommation 450 Watts

Se livre pour tous voltages compris entre 100 et 250 volts sans augmentation de prix

Chauffe-Assiettes éléctriques

N° 1260

Ces chauffe-assiettes, destinés particulièrement à l'usage domestique peuvent être établis en toute grandeur et pour n'importe quel service.

Pour grands établissements nous recommandons nos étuves comme chauffe-assiettes.

FOURNEAUX ÉLECTRIQUES, avec interrupteur de réglage

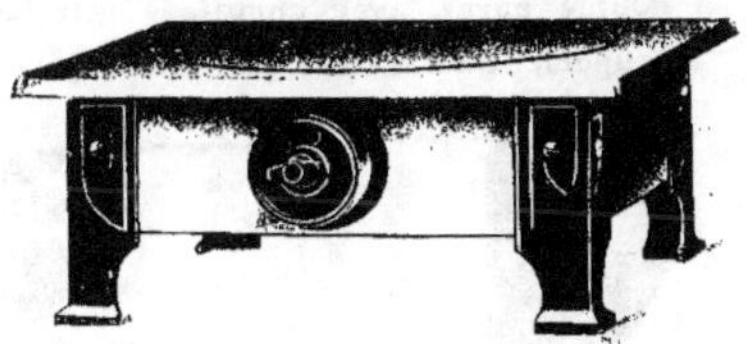

Nº 1512

Dessous verni en noir ou émaillé, plaque dessus polie

Nº 1514

Dessous verni en noir ou émaillé, pieds nickelés, plaques au-dessus polies

Nºs	Nombre de plaques	Diamètre par plaques min.	Consommation par plaque		Poids approxim. kg.
			min. Watts	max. Watts	
1512	1	220	400	1200	10
1514	2	220	400	1200	15
1502	2	220	400	1200	17

Nº 1502

En fonte, dessous verni en noir, plaques au-dessus polies

Réchauds électriques

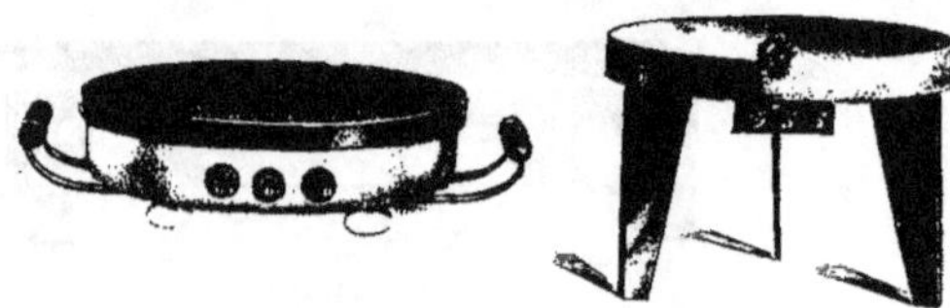

Nos 1475 - - 1483 N° 1474

Nos		Diamètre de la plaque m/m	Consommation minimum Watts	Consommation maximum Watts	Poids approx. kg.
1475	Dessous en tôle vernie en noir (à éléments interchangeable)	160	—	450	1,8
1476	» » » » » »	180	325	650	2,4
1477	» » » » » »	220	400	900	3,3
1473	Dessous en tôle nickelée....	120	—	300	
1481	» » » »	160	—	450	1,8
1482	» » » »	180	325	650	2,4
1483	» » » »	220	400	900	3,0
1474	En fonte, plaque chauffante polie..	175	300	900	3,0

Dans les prix susdits les prises de courant correspondantes aux appareils sont comprises.

Fours de cuisine électriques

à double paroi, avec chauffage inférieur et supérieur et réglage par interrupteur

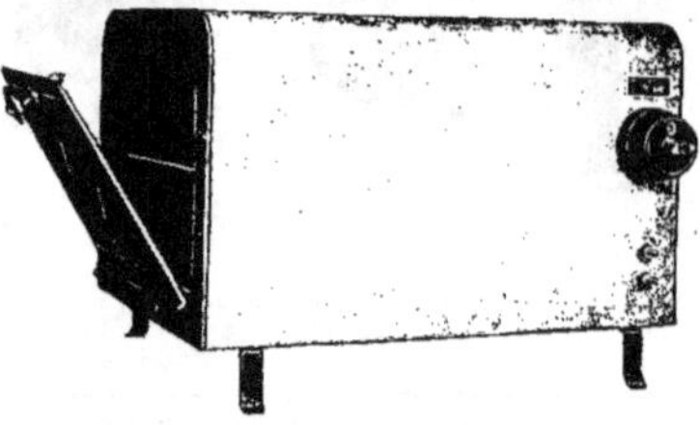

Nos 1466 -- 1467

Nos		Dimensions intérieures Hauteur m/m	largeur m/m	Profond. m/m	Consom. de courant Watts	Poids approx. kg.
1466	En tôle vernie en noir	220	320	450	1400	25
1497	En tôle galvanisée	220	320	450	1400	25

Chauffage intérieur : 600 Watts. chauffage supérieur : 800 Watts.

Les appareils peuvent également être livrés avec une consommation de courant moins élevée.

Le Thermoplasme électrique

avec interrupteur de réglage

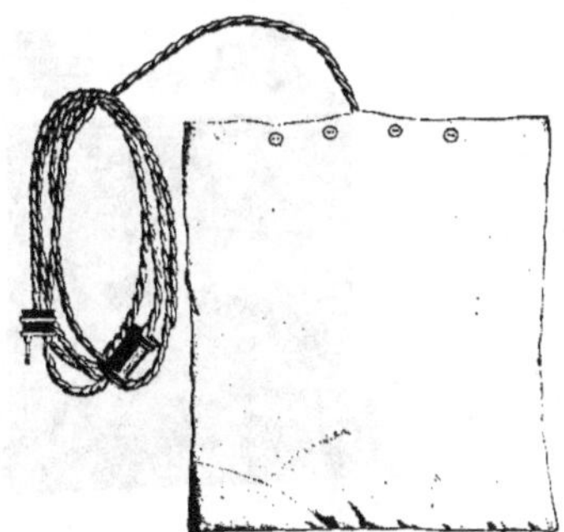

N° 1905

avec couverture, cordon souple de 3 m de longueur, avec prise de courant, ils se livrent pour tensions de 110-130 et 210-240 Volts.

Grandeur 38 — 28 cm. Consommation 60 Watts.

Chauffe-Lit électrique

à accumulation de chaleur

Breveté S. G. D. G.

Indispensable pour MÉNAGES, HOPITAUX, SANATORIUMS, HOTELS, PENSIONS, etc.

N° 1907

MODE D'EMPLOI.

Le chauffe-lit électrique "ÉLECTRA ST-LOUIS" se branche à une prise de courant murale ou à une lampe, en posant l'appareil sur de l'amiante, de l'éternite ou sur une assiette pour éviter toute détérioration de la table.

L'appareil reste sous courant 10 à 15 minutes (par une température très basse même 20 minutes) ensuite on enlève le raccord et l'appareil est prêt à être utilisé.

Le chauffe-lit électrique "ÉLECTRA ST-LOUIS" ne doit jamais être sous courant dans le lit.

Si cette instruction est bien suivie, toute danger d'incendie est absolument exclu.

Le chauffe-lit électrique "ÉLECTRA ST-LOUIS" une fois mis dans le lit, enveloppé dans la couverture lavable, rendra peu à peu sa chaleur accumulée, c'est-à-dire dans l'intervalle de 4 à 5 heures.

Le chauffe-lit électrique "ÉLECTRA ST-LOUIS" est exécuté en matériel de toute première qualité et sa construction est telle qu'en cas d'une utilisation normale toute réparation est exclue.

Fers à souder électriques

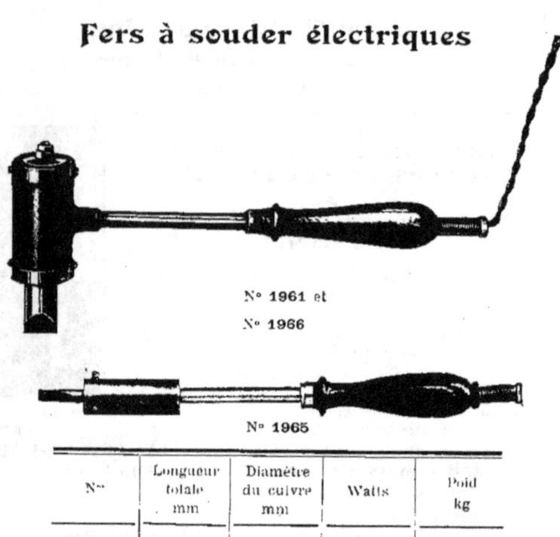

N° 1961 et
N° 1966

N° 1965

N°ˢ	Longueur totale mm	Diamètre du cuivre mm	Watts	Poid kg
1961	350	25	200	1.000
1966	300	12	100	0.500
1965	400	12	100	0.500

Étuves et Séchoirs

de tout genre

N° 1855

Nous construisons des étuves et séchoirs de toutes les dimensions à parois simples et doubles, avec corps de chauffe à chaque étagère ou logé dans le socle seulement.

PLAQUES CHAUFFANTES pour Laboratoires, Usines, Hôtels, Restaurants

en fer, avec dessous verni en noir, exécution simple, non meulé et non polie

N° 2031

N° 2032

N° 2039

N°s	Dimensions		Consommation		Poids approx.
	Longueur m/m	Largeur m/m	min. Watts	max. Watts	
2031	100	100	—	60	1,3
2032	150	150	—	100	3,0
2033	200	200	—	150	5,0
2034	250	250	105	210	8,0
2035	300	300	135	270	12,0
2036	400	400	210	420	20,0
2037	200	100	—	90	2,5
2038	300	100	—	120	3,8
2039	400	100	—	150	5,0
2040	300	150	—	160	5,5
2041	300	200	100	200	7,5
2042	400	200	125	250	10,0
2043	500	250	180	360	15,0
2044	600	300	225	450	22,0
2045	800	400	375	750	28,0

OBSERVATIONS

Ces plaques chauffantes servent aux buts les plus variés. A charges normales leur température ne dépasse guère 100 C° après 30 minutes, mais sur demande nous pouvons doubler ou tripler la charge et, par le fait, augmenter sensiblement la température. Il en est de même pour le réglage qui peut être multiplié.

Autres dimensions également sur demande. Les prix des types spéciaux varient suivant les dimensions, la puissance du corps de chauffe et le nombre de réglages.

Plaques chauffantes pour menuisiers. Ces plaques servant à réchauffer le bois avant le placage ; elles remplacent le fourneau.

Sur demande nous livrons ces plaques dessus poli et le dessous nickelé avec majoration de prix.

CHAUFFE COLLE en cuivre avec bain-marie

N°s 2001-2004

N°s 2006 et 2012

N° 2014

Nos	Contenance des pots	Temps nécessaire pour porter l'eau à l'ébullition	Réglages	Consommation		Poids
				Minimum Watts	Maximum Watts	
	Litres	env. Minut.				env. kg
2001	1/2	25	3	100	200	1
2002	1	25	3	100	350	1.5
2003	1 1/2	28	3	150	450	2
2004	2	30	3	250	500	2.8
2006	4	35	3	300	800	4.5
2010	10		3	500	1300	
2012	20		3	800	2000	

N°	Contenance par pots	Réglages	Consommation		Poids
			Minimum watts	Maximum Watts	
	Litres				
2014	2	3	500	1000	6

ÉLECTRA SAINT-LOUIS

Appareils électriques

à eau chaude courante

extérieurement vernis en gris

Nos	Consommation de courant		Nombre de litres par min. d'une tempér. de		Temps pour remplir un bain de 30 à 35° C d'une contenance de		
	Minimum Watts	Maximum Watts	30—35° C litres	90—95° C litres	150 litres	200 environ	250 minutes
2362	—	1000	0,5	0,17	—	—	—
2363	—	2000	1,0	0,33	—	—	—
2364	1000	3000	1,5	0,5	100	140	180
2366	2000	5000	2,5	0,8	75	100	125
2368	3000	9000	4,5	1,5	35	45	60
2369	4000	12000	6,0	2,0	25	35	45

Ces appareils se branchent directement à la conduite d'eau

MODE D'EMPLOI : d'abord ouvrir le robinet, puis mettre sous courant : d'abord interrompre le courant et ensuite fermer le robinet.

Nos 2361—2369

Nos 2362—2369

Chauffe-pieds électriques

vernis en noir

Longueur 360 m/m, largeur 250 m/m, hauteur 75 m/m

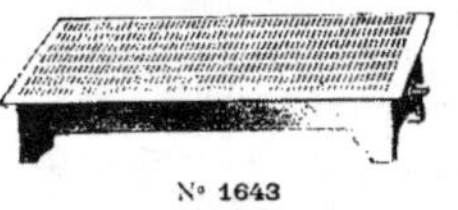

No 1643

No	Consommation de courant Watts	Poids kg
1643	100	2,200

Radiateurs électriques

à spirales nues

rayonnent de la chaleur dès le moment de leur mise en circuit.

No 1125

Nos	Dimensions		Puissance de chauffe m 3	Réglage	Consommation Watts	Poids en kg
	Diamètre m/m	Hauteur sans pied m/m				
1125	200	450	25	3	1000	3,5
1126	200	450	35	3	1500	4,0
1127	250	600	50	3	2000	6.0
1128	250	600	60	3	2500	6,5
1129	250	600	75	3	3000	7,0

Radiateurs électriques à spirales nues

Nos 1051–1057

Nos	DIMENSIONS			Puissance de chauffe	Réglage	Consommation Watts	Poids
	Longueur m/m	Largeur m/m	Hauteur m/m	m3			kg.
1051	450	100	400	25	3	1000	4
1052	450	100	400	35	3	1500	4,5
1053	450	100	400	50	3	2000	5
1054	450	120	550	60	3	2500	6
1055	450	120	550	75	3	3000	6,5
1056	450	120	550	90	3	3500	7,5
1057	450	120	550	105	3	4000	9

Les radiateurs à spirales nues rayonnant de la chaleur dès le moment de leur mise en circuit, ils se refroidissent, par contre, aussitôt le courant interrompu.

Les radiateurs peuvent aussi être livrés pour du courant triphasé non réglables et réglables avec majoration des prix. *(Voir prix page 22)*.

Exécution, verni en noir ou nickelé, ou laiton nickelé.

Prises de courant et cordons souples

N° 2119

Prise de courant en porcelaine pour fer à repasser etc.

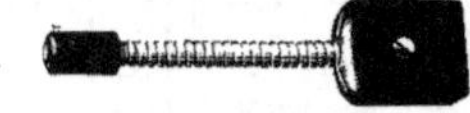

N° 2121

Prise de courant en porcelaine pour fer à repasser.

N° 2120

Prise de courant pour bouilloires, etc.

N° 2148^{a} ***2 m de cordon souple,*** à 2 conducteurs, monté avec une prise de courant à baïonnette ou fiche prise de courant à deux broches (pour fer à répasser) pour maximum 9 Amp. $(2\times 1\ ^{m}/_{m}{}^{2})$.

N° 2149^{a} ***1 1/2 m. de cordon souple,*** à 2 conducteurs, monté avec une prise de courant à baïonnette ou fiche prise de courant à deux broches (pour bouilloires, etc.) pour maximum 9 Amp. $(2\times 1\ ^{m}/_{m}{}^{2})$

N° 2153^{a} ***1 1/2 m. de cordon souple,*** à 3 conducteurs, monté avec une fiche prise de courant à deux broches (pour réchauds, etc.) pour maximum 9 Amp. $(3\times 1\ ^{m}/_{m}{}^{2})$.

N° 2164^{a} ***2 m. de cordon souple,*** à 3 conducteurs, monté avec une fiche prise de courant à deux broches (pour le N° 1501) pour maximum 13 Amp. $(3\times 1{,}5\ ^{m}/_{m}{}^{2})$.

N° 2166^{a} ***2 m. de cordon souple,*** à 3 conducteurs, monté avec une fiche prise de courant à deux broches (pour le le N° 1502) pour maximum 25 Amp. $(3\times 4\ ^{m}/_{m}{}^{2})$.

ÉLECTRA SAINT-LOUIS

Nos du Catalogue	APPAREILS	Prix Frs.	Plaques chauffantes	Supplément p. cordon avec fiche prise de courant	Nos du Catalogue	APPAREILS	Prix Frs.	Plaques chauffantes	Supplément p. cordon avec fiche prise de courant
1210	Fers à repasser "Voyage" . . .	33,—	10,—	6,—	1251	Bouilloires 0,5 litre "Voyage" . .	48,—	18.—	6,—
1215	» » » » . . .	28,—	6,—	6,—	1252	» 1,0 » » . .	56,—	20,—	6,50
1216	» » » » . . .	29,—	6,—	6,—	1584	"Théières" 1.0 »	75,—	12,—	6,50
1220	» » » » . . .	36,—	8,—	6,50	1589	» 1,0 »	80,—	12,—	6,50
1219	» » » » . . .	37,—	8,—	6,50	1685	Chauffe-fer à friser	41,—	—	—
1221	» » » "Atelier" . . .	38,—	9,—	6,50	1688	Grille-pain	85,—	—	—
1224	» » » » . . .	39,—	9,—	6,50	1260	Chauffe-assiette (prix sur demande)	—	—	—
1227	» » » » . . .	39,—	9,—	6,50	1512	Fourneaux 1 plaque émaillé 170.- verni noir	150,-	25,—	12,—
1222	» » » "Tailleur" . . .	44,—	11,—	9,—	1514	» 2 plaques » 270,- » »	245,-	25,—	15,—
1225	» » » » . . .	46,—	11,—	9,—	1502	» 2 »	230,—	25,—	15,—
1228	» » » » . . .	46,—	11,—	9,—	1475	Réchauds dessous tôle vernie noir	53,—	10,—	6,50
1240	» » » » . . .	72,—	12,—	9,—	1476	» » » » »	60,—	12,—	6,50
1246	» » » » . . .	77,—	12,—	9,—	1477	» » » » »	66,—	14,—	7,—
1247	» » » » . . .	79,—	12,—	9,—	1473	Réchauds dessous en tôle nickelée	39,—	8,—	6,—
1776/77	» » » "Cordonnier" . . .	40,—	12,—	—	1481	« » « » »	60,—	10,—	6,50
1249	Bouilloires 1/4 litre	35,—	8,—	6,—	1482	» » » » »	70,—	12,—	6,50
1253	» 1/2 »	38,—	11,—	6,—	1483	» » » » »	74,—	14,—	7,—
1254	» 1 »	42,—	11,—	6,50	1474	Réchauds en fonte	39,—	12,—	6,50
1269	» 2 »	72,—	15,—	8,—	1466	Four de cuisine en noir	480,—	—	18,—
1253	"Voyage" 1/2 »	40,—	12,—	6,—	1467	» » » galvanisé	500,—	—	18,—
1254	» 1 »	44,—	12,—	6,50	1905	Thermoplasme	65,—	—	—
1269	» 2 »	74,—	16,—	8,—	1907	Chauffe-lits	50,—	—	6,—
1263	Bouilloires 1/4 »	36,—	15,—	6,—	1961	Fers à souder	95,—	—	—
1251	» 1/2 »	45,—	17,—	6,50	1966	» » »	95,—	—	—
1252	» 1 »	54,—	19,—	6,50	1965	» » »	75,—	—	—
					1855	Etuves et Séchoirs (Prix sur demande)	—	—	—

ÉLECTRA SAINT-LOUIS

Nos du Catalogue	APPAREILS	Prix Frs.	Plaques chauffantes	Nos du Catalogue	APPAREILS	PRIX Vernis noir sans interrupteur	Nickelés sans interrupteur	Vernis noir avec interrupteur	Nickelés avec interrupteur
2031	Plaques chauffantes . . .	65,—	—	1125	Radiateurs	105,—	—	135,—	—
2032	» » . . .	77,—	—	1126	»	120,—	—	150,—	—
2033	» » . . .	90,—	—	1127	»	145,—	—	175,—	—
2034	» »	125,—	—	1128	»	180,—	—	210,—	—
2035	» » . . .	160,—	—	1129	»	195,—	—	255,—	—
2036	» » . . .	220,—	—	1051	»	140,—	185,—	170,—	215,—
2037	» » . . .	75,—	—	1052	»	155,—	200,—	185,—	230,—
2038	» » . . .	85,—	—	1053	»	170,—	215,—	200,—	245,—
2039	» » . . .	92,—	—	1054	»	210,—	255,—	270,—	315,—
2040	» » . . .	110,—	—	1055	»	238,—	285,—	298,—	345,—
2041	» » . . .	125,—	—	1056	»	260,—	320,—	320,—	380,—
2042	» » . . .	160,—	—	1057	»	285,—	350,—	345,—	410,—
2043	» » . . .	190,—	—						
2044	» » . . .	220,—	—		**Prix pour triphasé**	non-réglable		réglable	
2045	» » . . .	280,—	—						
2001	Chauffe-colle ½ litre . . .	85,—	11,—	1051	Radiateurs	155,—	203,—	260,—	295,—
2002	» » 1 » . . .	105,—	12,—	1052	»	170,—	220,—	275,—	355,—
2003	» » 1½ » . . .	120,—	13,—	1053	»	190,—	235,—	290,—	370,—
2004	» » 2 » . . .	130,—	15,—	1054	»	230,—	280,—	329,—	390,—
2006	» » 4 » . . .	175,—	18,—	1055	»	260,—	310,—	350,—	420,—
2010	» » 10 » . . .	450,—	22,—	1056	»	285,—	340,—	375,—	455,—
2012	» » 20 » . . .	500,—	25,—	1057	»	310,—	380,—	400,—	480,—
2014	» » 2 litres par pot	550,—	35,—	2119	Prises de courant	—	1,10	—	—
2362	Appareils à eau chaude courante .	440,—	—	2121	» » »	—	4,—	—	—
2363	» » » » » .	480,—	—	2120	» » »	—	1,40	—	—
2364	» » » » » .	550,—	—	2148	Cordon souple	—	10,—	—	—
2366	» » » » » .	660,—	—	2149a	» »	—	9,—	—	—
2368	» » » » » .	820,—	—	2153a	» »	—	11,—	—	—
2369	» » » » » .	920,—	—	2164a	» »	—	12,—	—	—
1643	Chauffe-pieds	49,—	—	2166a	» »	—	15,—	—	—

En laiton nickelé et poli majoration de 10 %.

www.ingramcontent.com/pod-product-compliance
Lightning Source LLC
LaVergne TN
LVHW052030160826
845678LV00003B/1257

* 9 7 8 2 3 2 9 6 3 2 8 2 7 *